星と 虹色な こどもたち

「自分に合った学び方」
「自分らしい生き方」
を見つけよう

著 星山麻木

イラスト 相澤るつ子

学苑社

虹色な国では
自分が誰とも違うこと
それぞれ違う色で
生まれてくると知っている

自分の色が尊重され
自分らしくあるように
誰とも違う色を大切にする

自分に合った学び方
自分らしい生き方

それぞれ違うのだからこそ
それぞれ助け合うのだと
勇気づけ　見守る

こどもたちは
自然のなかで思い切り遊ぶ
山や海で　自分の考えたやり方で
仲間と過ごし　考えて遊ぶ

失敗しても
誰かが手をつなぎ　また立ち直り
自分で大切なものを見つけ
それを遠くから見守っている人がいる

太陽を追いかけ
動物や植物や虫や花や風や太陽とともに
自分は何のために生まれてきたのか
自分の役割を見つけながら生きる

学校には
こどもを守っている人がたくさんいて
あたたかな友達と
今日も一日　愉快に過ごす

雨上がりの野原の先の灰色な空に
突然おおきな虹がかかり

今日一日　あまりに楽しくて
虹のように消えていくこの瞬間が
もったいなくて

おーい　そこまでいくから　待ってて　と
一生懸命　おいかけていく

こどもたちの
その姿が　ほほえましく
命の輝きに　わたしは
明日　生きる勇気を与えられる

しろい　光を
水滴のプリズムに　とおしてみたら

自分の本当の色
虹色がみえる

誰の色とも違う
わたしだけの色
大切に生きていく

星山麻木

もくじ

レッドくん なんでも1番 正義のみかた ································· 04

オレンジちゃん こころやさしい あわてんぼう ······················ 10

イエローちゃん すばやく動く 人情家 ····························· 16

グリーンくん 繊細な きちんとさん ······························· 22

アクアちゃん 孤高の天才 ··· 28

ブルーくん ゆっくり おおらか ··································· 34

パープルちゃん 甘えん坊の さみしがりや ························ 40

解説 ·· 46

おわりに ·· 62

レッドくん

なんでも1番
正義のみかた

Always the winner,
Champion of justice

教室では

ぼくは……
かけっこも
てつぼうも
べんきょうも
大好きなさんすうも
なんでも1番!!
かんぺきがいい!
だから、がんばるのだけど……

100点でなければダメ!!
98点もゆるさない!!

まちがったことがきらい

だれかまちがうと
すぐに教えてあげてるのに……

それ、
ちがうよ!

えっ、なに

あっちいこ!

あれ
??

レッドくん
めんどくさい

みんな、たのしそ〜
ぼくだけ ひとりぼっち

なぜか、ひとりぼっちになっちゃう
なんで友だちできないのかな
友だちたくさんほしいのに……

クラスメートから

レッドくん、記憶力がいいから
前のこと、ちょっとまちがうだけで
すぐ怒る

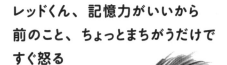

何やってんだよ!!

それ、ちがうよ〜

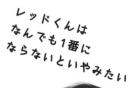
レッドくんは
なんでも1番に
ならないといやみたい

こわいなー

きびしすぎて
つかれちゃう

黒板の字をノートにうつすとき……

時間がかかる

まちがえた!
なおさなくちゃ

あわてて消しゴムで
消すとノートは
ぐしゃぐしゃ

まけるのいやだ
もうやだ〜〜

ぶつかってくる

いてっ!!

またぶつかってきた

ぼく
ぶつかってないよ

痛いよ!

ぶつかってきたのに
レッドくん
あやまらない

オレンジちゃんから見ると……

決めたことはきちんと
やってくれるし、前のことを
よく覚えていて、親切に教えて
くれるんだけどね〜

本当は
やさしいのに

レッドくんを理解しよう

レインボークリニックより

❗ ぜんぶ1番でなくて、大丈夫

➡️ レッドくん、自分の1番を見つければ、いいんだよ

工作

大声

犬好き

力もち

そうじ

かけっこ

レッドくんの空間と形の見え方はみんなとちょっとちがうの。
黒板の字がこんなふうに見えることもあるのよ。

● 光や音に敏感で、まぶしい遠く
のものはよく見えるけど、近く
はぼんやりしている。自分の体
の輪郭がよくわかってない。だ
からよくぶつかるの。

歌→歌　あ→あ

❗ 気がつかないのは見え方の違いのためで、わざとではないのです。

❗ ボードに手順をかく

＊ 3時間目
1 きがえをする
2 にもつをもって
体育かんへ
いどう
3 そのまま

● 見えるようにすると、全体がわ
かって、あわてなくてすむよ

Help　おたすけグッズ

● 電動けしごむ

● 書きやすいえんぴつ

● サングラス

● タブレット

これがぼく

自分発見ノート

😊 得意なこと

乗りかえ、乗りつぎ、
なんでも聞いて!

» くるまの展開図
描けるよ!

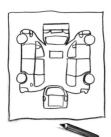

» 電車の時刻表
わかるよ

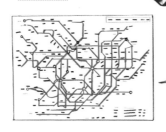

» おもしろければ
とことん調べる

＼こんなふうに助けてほしい／

セーブパーソン　ぼくのこと、わかってくれる大切な友だち

レッドくんすごいね!

静かなところで
おちつこうね

セーブプレイス　安心できるところ

安心しておちつく場所が
教室のすみにあるといいですね。
気持ちが静まれば、
レッドくんはおちつきます。
それまで1人にして
そっとしておいてくださいね。

●クールダウン　　●ホームスペース　　●リソーススペース

お互いの１番を見つければ、大切な友だちがみつかるんだね

レッドくんへ

レッドくんはがんばりやで正義のみかた。

でもお友だちができなくてさみしいときもあるよね。みんなと同じでなくても大丈夫。レッドくんらしいやり方を工夫して、いろんな１番を見つけていこう!

テストで100点取れなくても、がんばったレッドくんが100点なんだよ。自分の得意なこと、好きなことで活躍できれば大丈夫だよね。

オレンジちゃん

こころやさしい
あわてんぼう
Gentle-hearted
Scatterbrain

教室では

私は、人のことが
気になってしまう
みんな笑顔でいてほしいって
いつも願っている

人がどう思っているか
すごく気になる

でも、人のことばっかりで、自分のことが後回し
になって先生にしかられる。忘れ物も多いし、
時間も守れないのが悩みです。

クラスメートから

オレンジちゃんはよく忘れ物するよ
ランドセルまで忘れるんだから

オレンジちゃん
ランドセルは!?

あれ?

宿題やったのに
宿題入れた
ランドセル
忘れちゃった

待ち合わせによくおくれるんだ〜

カギが
見つからなくて
ごめん〜

イライラ

片付けができないから
どこに何があるかわからない

私って
何をやっても
ダメみたい

イエローちゃんから見ると……

オレンジちゃんはいつも
相手のことを考えていて、
やさしくて親切。
困っている人がいると、
真っ先に助けに行く子なの。

オレンジちゃん
大好き♡

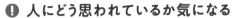

オレンジちゃんを理解しよう

レインボークリニックより

❶ 人にどう思われているか気になる
➡ 自分らしく生きるのが大切
　ただいるだけでオレンジちゃんはすてき

❶ すぐ忘れる
➡ 覚え方を工夫してみる
　メモ・スマホ・人に助けてもらう

❶ よく遅れる
➡ タイマーを見る習慣・5分前に時間を合わせる・
　友だちに声をかけてもらう

❶ 整理できない・なくす
➡ 見える所に置く・ひも、鈴などをつける

おぼえていられない

忘れる

1つにまとめる

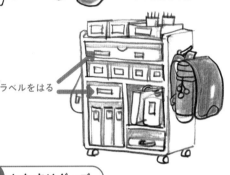

ラベルをはる

おたすけグッズ

Help

オレンジちゃんが忘れっぽいのは ワーキングメモリが小さいから

● すぐ忘れるのは、脳のワーキングメモリ（パソコンのデスクトップ：作業台）の容量が小さいためです。生まれつきなので、なまけているのではありません

● ワーキングメモリは、作業スペースなので誰でもそんなに広くありません。メモ、スマホを使って上手に整理しましょう

● ダメだと思うと、メモリがへってしまいます。失敗しても大丈夫。自分にあった方法を見つけましょう

すてるのも
だいじ

上手に整理して
スペースを作ろう

● 大切なものに
　ヒモ・スズをつける

● 大切なことは
　記憶力の良い友だちに
　『おぼえておいて』って、
　たのもう

おぼえてて　OK

● スマホ・
　タブレットを使う

● 手に書く

● 見えるようにする

● 透明な袋に入れる

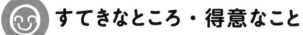

これがわたし

自分発見ノート

☺ すてきなところ・得意なこと

≫ 小物を作るのが好き

かわいい小物作り
得意かな

**≫ 空想するのが
大好き**

**≫ 人を喜ばせるの
大好き**

こまっている人
助けるの
得意かな……

こんなふうに助けてほしい

セーブパーソン 私のこと、わかってくれる大切な友だち

時間だよ！

あ、もう
こんな時間？
教えてくれて
ありがとう

みんな笑顔でいてほしい、やさしさが私らしさ

オレンジちゃんへ

こまっている人を見るとほうっておけない
やさしいオレンジちゃん。
「わすれんぼう」なのも、いやなことをすぐ忘れられる
「強み」にしよう。オレンジちゃんのまわりには記憶力
の良いお友だちがたくさんいるよ。
チームワークで助けてもらって大丈夫。人の気持ち
がよくわかるオレンジちゃんの「気持ちの通訳」で、
まわりのみんなが幸せになったらステキだね!

イエローちゃん

すばやく動く
人情家
Highly active
and sociable

創造力ばつぐん！
大声で笑う人気者

いつも動いていないとたいくつで
イライラしちゃう
みんなと楽しくもり上がりたい
みんなを巻き込んで、いつも元気

みんなから「おもしろい」って言われていい気持ち
でもね、静かに集中できる時間がとっても短い

あっ！イエローちゃん！
非常ベルおしては
ダメだよ！

あ、
おもしろそー
おしちゃえ！

やりたいと思うと
がまんできない
「あれおもしろそう！」って
思うとやっちゃう
非常ベルとかおしちゃう

ひょい

非常ベル
消火栓

まただ〜

いつもだよ

あ〜〜あ

イエローちゃん　**17**

クラスメートから

イエローちゃんは、授業中、つまらないとイライラして
いすをガタガタゆらしてひっくりかえる

すぐ立ち歩くし〜

すぐカッとなって
けとばしたり、かみかついたりする

自分のことばかり話して
人の話を聞いてくれない

うるさすぎて
つかれちゃう

グリーンくんから見ると……

イエローちゃんは明るくてたいようみたいで、おもしろくて人気者。
ボクみたいにつまらなくない。でも時々うるさすぎてつかれちゃう。
アイデアがたくさんあるし、なんでもできる。こまっている人を見ると
助けてあげる。でも、きげんがわるいとこわくてちかよれない。

イエローちゃんを理解しよう

こんなふうに考えて

レインボークリニックより

❗ 動きたくなる……

➡ イエローちゃんは好奇心いっぱいで元気ですから、がまんしないで発散しましょう！

思う存分かけ回ったり、ふり回したり、よじ登ったり
自然のなかでたくさん遊びましょう。
●どろんこ・水遊び・木登り・ザリガニとり・山登り・ぼうけん

●写真とって、発表もできるね！

●ブランコ

●トランポリン

❗ 自分なりにおちつく方法もやってみよう

➡ ヨガ・めいそう・お絵かきもいいかも

イエローちゃんは生まれつき高性能のローラースケートを
はいているみたいなので、ゆっくりだとフラフラしちゃう。
スピードアップして創造性を育て、できることをふやそう。
でもハイスピードばかりだと、自分もまわりもつかれちゃう。
ゆっくりした動きも、れんしゅうしましょう。

自分発見ノート

😊 すてきなところ

- » エネルギッシュ
- » つかれを知らない
- » 好奇心旺盛
- » ゆたかな創造力
- » 取材、発見が得意

Energetic
Super Strong
Very Curios
Really Creative and
Good at coverage and
discovery

\ こんなふうに助けてほしい /

セーブパーソン 私のこと、わかってくれる大切な友だち

» 教室でイライラして
いすをガタガタしたとき

 →  →

外に出て走り回って　　深呼吸　　1234……

クールダウンしよう
お水飲んだらいいよ

10数えて
スッキリしたら
戻ってきてね

» 人の話に割り込む

イエローちゃんその話、ここまで
ほかの人も話すから
ちょっと まって！

気づかないだけで
悪気はないんだ

わかった

» イエローちゃんは、
ほめられるのが大好き

ちゃんとできたらすぐほめよう

さすがだね〜
イエローちゃん

どうして声が出ないの？

●マンガでわかる場面緘黙

金原洋治監修　はやしみこ著
かんもくネット編

A5判●定価 1650 円
ISBN978-4-7614-0755-1

「なぜ声が出ないのか、どうすればよいのか」を具体的にわかりやすくマンガで説明。適切な対応の手引き書となる。大好評の 1 冊。

発達の気になる子も楽しく学べるグループ課題 69

●幼児の社会性とことばの発達を促す教材集

宇賀神るり子・吉野一子著

A5判●定価 2200 円
ISBN978-4-7614-0839-8

わかりやすい仕組みと保護者も含めた大人の関わりによって、子どもが意欲的に参加し、学ぶことができる 69 の課題をまとめたアイデア満載の 1 冊。

「子どもの気持ち」と「先生のギモン」から考える

学校で困っている子どもへの支援と指導

日戸由刈監修
安居院みどり・萬木はるか編

B5判●定価 2200 円
ISBN978-4-7614-0827-5

先生のギモンや子どもの気持ちの背景にある発達特性を知り、適切な支援につなげることができれば、先生も子どもも、もっと楽になるはず！

かんたんにできる

発達障害のある子どものリラクセーションプログラム

高橋眞琴編著　尾関美和・亀井有美・中村友香・山﨑真義著

A5判●定価 2200 円
ISBN978-4-7614-0845-9

ライフスキルトレーニング、動作法、ムーブメント教育、日本でも実践可能な海外のインクルーシブ教育での環境設定などを紹介。

学校や家庭でできる！

SST& 運動プログラムトレーニングブック

綿引清勝・島田博祐編著

B5判●定価 2090 円
ISBN978-4-7614-0848-0

「ソーシャルスキルトレーニング」と「アダプテッド・スポーツ」の専門家が提案する学校や家庭で今日からできる 50 の実践プログラム。

生きる冒険地図

プルスアルハ著
細尾ちあき文と絵

A5判●定価 1320 円
ISBN978-4-7614-0806-0

まわりに頼れる大人がいない子どもたちへ、1 日 1 日を生きぬく「知恵と工夫」をつめこんだ一冊。日常生活の知恵からリスク回避方法まで指南。

創造力ゆたかで楽しいこと、動くことが私らしさ

イエローちゃんへ

活動的で、おもしろくて、お友だちの人気者、
イエローちゃん。
「動きたくなる」「じっとしていられない」のはすてきな
才能。運動大好き、チャレンジ大好き、失敗してもま
たチャレンジするエネルギー。
自分の良さである「情熱→やる気」や「多動であるこ
と→つかれを知らない」を強みに生かして、みんなを
楽しませてくださいね。

グリーンくん

繊細な
きちんとさん
Sensitive and
well-mannerd

教室では

ぼくは……SOSをだすのが苦手
まじめで完ぺき主義
いつもきちんとしている

感覚が敏感

まぶしい

あの音、きらい

でもみんなと遊びたい……
本当は友だちが大好き
みんなのなかに入りたい

ワイワイ　　　　　ガヤガヤ

でも……みんなと遊びたくても、
かげからひっそりみてるだけ。
みんなに「つまらない」って言われて、
キズついています。

クラスメートから

グリーンくんはこまっていてもSOSをださない
遊びたくても仲間に入れないみたい

グリーンくん
やるの？
やらないの？

また固まってる〜

まっている時間が長すぎて……つかれる〜

虫の観察を始めると
時間を忘れて
集中しすぎる

みんないなく
なっちゃった〜

感覚が敏感

まぶしい
あの音、嫌い
でもみんなと
遊びたい……

アクアちゃんから見ると……

グリーンくんて、
デリケートなの。
1人でいても
いいのにね。

オレンジちゃんから見ると……

グリーンくんはていねいで
正確。いつもきちんと
していてまじめ。
時間にもおくれない。

グリーンくん
すごい

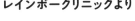

グリーンくんを理解しよう

レインボークリニックより

❗ グリーンくんは耳がとても良くて感覚がするどいから
人がたくさんいて、ざわざわしているところは
しげきが強すぎて苦しくなる

❗ お友だちが大好きで、みんなと遊びたいけど、
自分から言いだすのがとっても
苦手だから、やさしくさそってね!

❗ SOSをだすのも苦手
➡ まぶしい・うるさい・疲れすぎなど、困っていることがたくさん
あるけれどがんばり屋さんなので、がまんしてしまう

> 安心してリラックスできるように、しばらく1人にしてね。

 おたすけグッズ

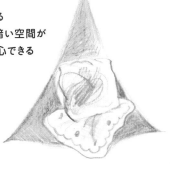

● セーブスペース

静かにできる
狭くて少し暗い空間が
あると、安心できる

● 耳たぶの柔らかさの
ボール

● さわり心地の良い
タオル・ガーゼ

自分発見ノート

😊 得意なこと

» <u>虫のことならなんでも知ってる</u>

何時間でも集中できる
でもつかれるとチャージに
時間がかかる

決めたことは完ぺきに仕上げる
ミスが少ない

\ こんなふうに助けてほしい /

セーブパーソン ぼくのこと、わかってくれる大切な友だち

😣 苦手なこと　» はじめての場所・はじめてのこと

1. 緊張していたら

グリーンくん
どうしたの？
一緒に
行こうか？

2. 集中しすぎていたら

あと5分で
おしまいよ

3. 予定変更があるとき

これからの予定を
あらかじめ伝えておく

がんばりすぎなくて大丈夫なんだ

グリーンくんへ

がんばりやで真面目、努力家のグリーンくん。こころの準備が大事なんだね。「できないこと」があったら、「S・O・S!」って言っても大丈夫だよ。「がまん」するより「たすけて!」って言う方が、ずっとむずかしいときもあるよね。

そんなとき、グリーンくんを見守ってくれる友だちに出会えるよ。グリーンくんが思っているより、グリーンくんはみんなに必要とされている人ですよ。

アクアちゃん

孤高の天才
Solitary Genius

教室では

私は1人でいるのが好き
静かに気持ちを休めていたい
大ぜい人がいると、とてもつかれる

休み時間は、
全員外で遊びます

私は、休み時間は誰にも話しかけられたくない。
授業中、集中しすぎるので、1人で好きな本を読むことで
おちつきたいのです。

クラスメートから

アクアちゃん、いつのまにか1人でどっかいっちゃう
感じやすいのかな……

ねえアクアちゃん
いっしょに
笛の練習しよう

アクアちゃん
音楽好きだよね？

へんなの～
付き合いわるい

アクアちゃん、
スーッといなくなる

音楽
好きじゃないの？

私たちのこと
きらいなの？

なぜみんなと同じに
しないといけないの？
私をほうっておいて
ほしいのに……

ブルーくんから見ると……

アクアちゃんはなんでもできる。
1回でなんでも覚えられる天才。
ボクと静かにお話しているときは
大丈夫なんだよ。

アクアちゃんを理解しよう

レインボークリニックより

❗ 1人になりたいのは……

➡ 感受性がゆたかで鋭いから
大ぜいといると感じやすくて、つかれるから

❗ 本当の気持ちを伝えるのは苦手

➡ がまんしないでその場をはなれよう

アクアちゃんには、音楽・アート・記憶力・正確さなど
みんなに理解されなくても、とても素敵な才能があるね。

Help おたすけグッズ

● ノイズキャンセラー
いやな音をきこえなくする

● イヤーマフ

❗ つかれる……

➡ セーブスペースで休もう

音がきこえない、
静かにできる、
せまくて少し暗い
ところがいいね

Resource Space

集中や創造性は一人ひとりちがうから、才能を発揮できる場を作ろう。

例：文学・作曲・研究・観察・アート・制作・数学・設計・写真・料理

自分発見ノート

得意なこと

»**すごい記憶力**

1回きいたら、
ピアノを習って
いなくても弾ける

記号・マーク
すぐ覚えちゃう

○○くん、
おひさしぶり

覚えていてくれたんだ！

アクアちゃん、人の名前忘れないんだ

»**人の顔と名前が一瞬で一致する**

苦手なこと

»**ほめる**

»**人の相談**

何していいか、わからない

»**自由時間**

自由作文

こんなふうに助けてほしい

セーブパーソン 私のこと、わかってくれる大切な友だち

アクアちゃん
音がいやなら
にげた方がいいよ

アクアちゃん
記憶力がすごいよ

アクアちゃん
ものすごく声がいいよ
歌が上手なんだね

私だけの世界を大切にしたら輝ける

アクアちゃんへ

アクアちゃんは孤高の天才。鋭い感受性の持ち主。人に合わせるより、自分のペースやリズムを大事にして、いろんなことに優れている。でも、はっきりしない説明や自由時間は、どうしたらいいかわからなくなってしまうので苦手なのね。感覚が敏感だから、耳が痛くなる音もあるし、触感が嫌で食べられないものがあるけど、素敵な才能に恵まれたアクアちゃんのことわかってくれるお友だち、きっと増えるわ。

ブルーくん

ゆっくり
おおらか
Laid-back and
easy-going

教室では

ぼくは、 ゆっくりがいいな
みんなより時間がかかる
お話しするのもゆっくり

ブルーくん
早くして！

ぼくも、 みんなに追いつきたい。
役立ちたい。 かつやくしたい。
同じにできなくても、 何倍も努力する、 がんばりやです。

クラスメートから

ブルーくん、何でもゆっくりすぎ……
早くしてほしい

え〜どうしょ〜

なんでもおそすぎる

早くしてブルーくん

いつも待たされちゃってイライラする〜

あせるとますますうまく話せない
いっしょに遊びたい
できるようになりたい

パープルちゃんから見ると……

私のさみしさを
一番わかってくれるブルーくんは
本当にとってもやさしい。
ことばでなくて態度でわかる。

ブルーくんを理解しよう

レインボークリニックより

❗ ブルーくんは時間がかかる
➡ ゆっくりていねいに、お手本見せてあげてね

❗ 上手にお話ができない
➡ ジェスチャーや絵を使ってね
　ゆっくり話せば、ちゃんとわかるの

何をするか、道具やものを使って、
わかりやすく教えてあげてね。
ゆっくり話してね。
人の役にたつ、係や仕事が向いています。

● とてもやさしくて人の気持ちがわかる
　きっとだれかの力になってくれる
　よく気がつく、こころがあったかい子なの

● **安心できる**

まかされた仕事に
まじめに取り組む

● **やさしい**

動物や
小さい子と仲良し

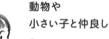

● **おだやか**
　そばにいてくれるだけで
　いやされる

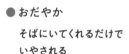

スピードや正確さだけではない目に見えないものの大切さを教えてくれる。
知的ゆっくりタイプ、ゆっくり着実に、のんびり、おおらかに歩いていくんだ。

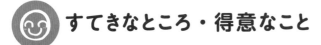

これがぼく

自分発見ノート

Dancing ♪
Singing

😊 すてきなところ・得意なこと

» 困っているの
ずーっと待って
いてくれる

うらぎらない、純粋さ

» こころがきれい
おおらか

» 歌とダンスが
得意

雲が流れるのをみている
お花に話しかける
水の感触を楽しむ
自然と動物が大好き

😔 苦手なこと

仲間はずれにされたり、
悪口言われたり、イジワルされたり、
友だちにキズつけられること

悪口、イジワル

＼こんなふうに助けてほしい／

セーブパーソン　ぼくのこと、わかってくれる大切な友だち

ブルーくんも
いっしょに
やりたいんだ

ブルーくんは
いつもいっしょに
いてくれる

ブルーくんは
やさしい

こまっていると
心配してくれる

目に見えないたくさんのやさしさ、笑顔がボクらしさ

ブルーくんへ

ブルーくんはおおらかでやさしい。

いつも困っている人のことを考えている。

ゆたかな感性と安心感でみんなを包み込む人です。

みんながいそがしすぎてゆとりがないと、ブルーくんの

良さがわからなくなるんだね。ブルーくんの世界はゆっ

くりおだやかなんだね。流れる雲を見てたり、葉っぱ

や花とお話したりする時間を大切にしたいね。

パープルちゃん

甘えん坊の
さみしがりや
Lonely
attention seeker

教室では

私はいつもさみしい
本当に大切にしてくれる人をさがしている
悪いことをしても1番に私を見てほしい

私はみんなに好かれたい。でもどうすればいいかわからない。
ときどき、ものすごく不安になって、さみしくてつらくなる。
そんなときは、自分や大切な友だちをいじめて、
傷つけてしまうことがあります。

パープルちゃん　　**41**

クラスメートから

なぜいつもきげんがわるいの?
大切な友だちも傷つけてくる。さみしいのかな……

パープルちゃん
ほんとは
かわいいのに

パープルちゃん
イジワル

私には
しんせつだよ

そんなことないよ

パープルちゃん
ウソつきだよ

いつも、たいど
わるい〜
どーして!?

パープルちゃん
には近づかない
ことにしたよ

ベタベタ
甘えてくる
と思ったら

今日は
知らんぷり

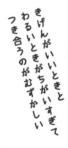

1人で泣いている
かと思うと、飛びかかって
ぼくに来るんだよ

きげんがいいときと
わるいときがちがいすぎて
つき合うのがむずかしい

私だって友だちがほしい
みんなよりできることだって
いっぱいあるのに
みんな、私をわかってくれない

さみしいのに

ブルーくんから見ると……

パープルちゃんは甘えん坊で
さみしいだけだよ。
みんなもっとやさしくね。

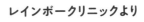

パープルちゃんを理解しよう

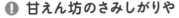

レインボークリニックより

❗ 甘えん坊のさみしがりや

➡ ゆっくりていねいに、お手本見せてあげてね。パープルちゃんはお父さんがいないの。お母さんは夜おそくまではたらいて、小さい弟や妹のおせわで精いっぱい。パープルちゃんはいつもさみしいのよ。甘える人がいなくて、だっこしてもらえないの。それでもがんばっているんだよね

お母さん
赤ちゃんばっかりかわいがる
私も甘えたい

❗ すぐ怒る・悪口をいう・うそをつく

➡ だれからも大切にされないとこころにあるコップは空っぽになって、ひびわれてしまうの。こころのコップがこわれてしまわないようにパープルちゃんを大切に、やさしくしてね。本当はとってもやさしい、すてきな子なのよ

カラカラ　ピリッ

パープルちゃんがイライラしているときは
そっとはなれてそっとしておこう。
あたたかく見守っていると
パープルちゃんから甘えにきますよ。
そしたら、たくさん、
「いい子だね」って声をかけてね。

Help
🔮 おたすけグッズ

● みんなのこころ

みんなのあたたかなこころで
見守ってあげよう

だれでもさみしいときはあるものね。パープルちゃんは、小さい子にはやさしくて、本当はみんなにもやさしくしたいの。愛情をたくさん必要とするタイプ

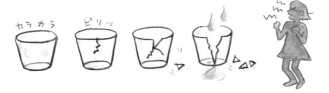

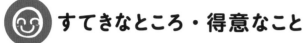

これがわたし

自分発見ノート

😊 すてきなところ・得意なこと

»想像すること

»甘える

»自分の気持ちに素直

私をみて〜〜
みて〜〜

😞 苦手なこと・本当の気持ち

さみしいときに
仲間はずれにされること
無理に約束すること

もっと私をみて

おうちでは
甘えられない
だからもっともっと
甘えたい

お母さんは約束守らない
かなしい気持ちでいっぱい
私は守られたことがない
約束なんて意味がない

こんなふうに助けてほしい

セーブパーソン　私のこと、わかってくれる大切な友だち

カーッとなったら
おちついてトントンして

かくれて
じっとする

パープルちゃん
ほんとはとてもやさしい

パープルちゃんの
活躍できるところを
ほめてね!
がんばれるよ!

私、ここにいていいんだ

パープルちゃんへ

パープルちゃんはさみしがりやの甘えん坊。
自分を1番に見てくれないと不安になっちゃうんだね。
自然や動物、やさしい仲間がパープルちゃんを待ってる
よ。いっしょににあそぼ〜。
甘えたいときには、たくさん甘えてね。イライラするとき
は自然のなかで思いきり体を動かそう。自分を大切に
生きていこうね。

解説 （大人向け）

虹色なこどもたち

　「あの子は限りなくクロに近いグレー」。時々耳にする「グレーゾーンの子」という言葉。もしかすると、シロは障がいがないこと、クロは障がいがあることを暗に指しているのでしょうか。もし人間を色で表現するのであれば、少数派がクロではなく、私たち誰もが虹色ではないでしょうか。

　虹色は多様性尊重の象徴です。私たちはさまざまな色のスペクトラム（連続体）であるとすれば、障がいのあるなしの境界線も、限りなく連続体です。誰とも違う、虹色の濃さや配分が違うだけ。違うからこそ、お互いの色が尊重できれば、自分も他者も理解できるかもしれません。

　本来、一人ひとりの脳機能の違いは、目には見えないのです。多数派と異なる発達であったとしてもこどもの一人ひとりの命の尊さこそが大切です。では、一体、どのようにすれば、こどもたちにもわかりやすい表現で、誰もがお互いを必要とする思いやりとやさしさが伝わっていくのでしょうか。

本書の活用方法

　大人もこどもも、自分がどんな色であるのかを考えてみることにします。すると自分のことや周囲の人の行動の理由や理解が深まります。自分理解は相手を理解する以上に難しいことですが、自分のことがわかるようになると相手を理解できるようになり、考え方も人との関係性も豊かになるのです。

教室では

　この本は、ごく自然の場面や友達との関わりのなかで起こる「よくある場面」を切り出し、紹介しています。ちょっとした工夫や友達同士でお互いにできる自然な助け合いを理解することで支援をしています。お互いの違いを理解し、人間関係のつながりによって、さまざまな特性の相互理解教育に役立ててくだされば嬉しいです。

　家庭と学校、あるいは、個人と集団という環境の違いによって、こどもの行動、目にみえる姿は異なります。

　ASD（自閉スペクトラム症）傾向のあるこどもたちは感受性が高く、集団のなかのザワザワした音、人との距離、光、匂いなどに敏感に反応します。家庭で気にならないことも、学校という集団に入るとさまざまな苦しみや不安がうまれます。その違いが多数派の人にはわかりにくいかもしれません。学校は同じ年頃の多くのこどもが狭い空間で密集し、同じ行動を求められて過ごすことが多くなります。学校特有の環境が合わなくて困っていることがたくさんあるのです。

　ADHD（注意欠如・多動症）傾向のあるこどもたちは　狭い空間で同じ姿勢でいることが苦痛です。動くこと揺れることなどが保障され、自然のなかで学ぶことを必要とする脳機能なので、動きを制限されるとストレスが生じます。

　自然の豊かさ、教室の空間の広さ、机やいすの種類や配置など、選択肢は多いことが重要です。そして、すべてのこどもたちに今、最も必要なのは、あたたかな仲間とのつながりです。

クラスメートから

　自分が感じていること、見えている世界とクラスメートが感じていること、見えている世界にはズレがあります。他者から自分がどう見えるか？　自分が他者をどう見ているか？　どちらが正しいということではなく、その違いを知ることはこどもにとっては、難しいことです。自分と他者と

の感じ方の違いがコミュニケーションのすれ違いになります。お互いの感じ方の違いを説明することは、日常の場面や自然の環境でもスタートできます。

レインボークリニック

　レインボークリニックでは、少数派がもって生まれたそれぞれの特性を生かし、その色こそを尊重して生きるための知恵と勇気を伝えてくれます。集団のなかにいると不安やトラブルなどが生じてしまいます。それぞれの悩みに寄り添いながら、お互いの考え方の調整となる、ヒントや工夫を伝授します。それらの工夫から、友達同士でできる支援方法を仲間へとつなげていきます。例えば、レッドくんをオレンジちゃんが助けるというように、こどもたち同士で助け合えるようにガイドしています。

セーブパーソン

　セーブパーソンとは自分を理解し、守ってくれる本当の友達です。頑張ってもできないことや何度も失敗してしまうことは誰にでもあります。何度やっても失敗してしまうこと、例えば、何度も忘れものをする、漢字が読めない、自分の気持ちをうまく相手に伝えられないなど、本人が困っていることを理解し、そっと支えてくれる人がいます。その人がセーブパーソンです。セーブパーソンとは親、兄弟姉妹、先生、地域にいる多世代異年齢の家族のようなあたたかな人です。本当の特別支援はセーブパーソンを育てることです。セーブパーソンは誰のこころのなかにも存在しています。

合理的配慮

　合理的配慮とは少数派と多数派それぞれを尊重するための理解と調整です。例えば、眼鏡、踏台、車いす、左利き用ハサミなどです。近年では、試験時間を長くする、別室受験をする、席を前にする、タブレットを使う、ノートテーカーを付けるなども行なわれています。合理的配慮とは、主に多数派が考えたルールを少数派だけが努力したり苦しんだりしないよう、お互いの思いやりとやさしさから生まれるものなのです。

YouTube「星と虹色なこどもたち」

　「星と虹色なこどもたち」はレッドくん、オレンジちゃん、イエローちゃん、グリーンくん、アクアちゃん、ブルーくん、パープルちゃんの7人のパペットの動画をご覧いただけます。7人は小学校3年生です。誰かが困っていると誰かが助ける場面が多く出てきます。困ったら、レインボークリニックに相談にやってきます。教材としてもご活用ください。

発達サポーター

　地域には発達多様性の尊重と受容を理解できるセーブパーソン、専門性のあるサポーターが必要です。少数派も多数派も分け隔てなく共に生きるためには人々の理解と連携が欠かせません。人と人とを理解と輪でつなぐエコロジカルデザイン（周囲の人間理解を深め、つながることで行なうあたたかな支援の輪づくり）の支援は多様性の尊重と受容につながります。お互いのセーブパーソンになることで年齢や世代を超えて、人と人との理解と仲間をつないでいきます。自然とゆたかな人々と出逢いを大切に、お互いの違いを尊重し合う、支援を学びたい方へ向けた方法論です。

なんでも1番 正義のみかた レッドくん

レッドくんはASD（自閉スペクトラム症）傾向がありますが療育に行ったことはなく診断もついていません。母親は小さい頃から、喧嘩やトラブルが絶えないレッドくんの理解に戸惑っていましたが、言葉の発達が早く、好奇心旺盛で活発なレッドくんの行動がASD傾向であるとは知りません。レッドくんは赤ちゃんの頃から過敏で、電気をつけると起きてしまい、ずっと泣きやまないことがありました。またミルクの種類や離乳食は好みが激しく、少し味が違うだけで、まったく食べないことがあり、食事には気を使ってきました。歩きはじめるとバランスがうまくとれないことがあり、よく転び多動で目が離せませんでした。

小学生になったレッドくんは何でも1番でないと気がすまない、少しでも間違えると傷つくプライドの高い繊細なこどもです。右と左の動きが異なる動きを必要とする鉄棒や縄跳びは苦手です。本当は1番になりたい、リーダーになりたい、みんなに「すごいね！」って言われたい。認められたい気持ちが人一倍強いレッドくん。それなのに現実は不器用で、消しゴムやハサミを使うことは遅れてしまい、なわとびもうまく跳べません。

学習では、言葉はたくさん知っているのに漢字が上手に書けず、鏡文字を書いたり、マスからはみ出したりして、何度も書き直し、疲れてしまいます。音楽では歌うことが大好きです。それなのに縦笛も鍵盤ハーモニカも器用ではないので、遅れてばかりでイライラしてしまいます。

記憶力の優れたレッドくんは漢字をじっと見ることで覚えます。今日のテストは100点のはずが90点。それだけで自分を許せずテストを破いてしまいました。友達にミスを指摘されるのは大嫌いなのです。それなのに友達の間違いは気になって仕方ありません。先生であるかのように友達のミスを指摘し、皆に嫌われていきます。レッドくんの最大の悩みは「友達がほしい」です。さて、どのようにしたらレッドくんのサポーターになれるのでしょうか。

レッドくんは「正義のみかた」。ヒーローになるとご機嫌です。でも友達からは「自分勝手」「わがまま」「生意気」「先生みたいに注意する」と見えています。友達は「もう少しやさしく、言ってほしい」と感じていますが、レッドくんの伝え方は正直すぎて、友達のこころを傷つけてしまうのです。レッドくんは純粋で間違ったことが嫌いであるが故に、そのままの真実を正直に伝えているだけです。でも友達がそのひと言でどう感じるのかを推察することが難しいのです。視野が狭く、遠くのものはよく見えても周囲がぼんやりとしか見えていないことがあります。また人との距離感も異なるため、友達とくっつきすぎたり、遠すぎたりしてトラブルになります。空間認知が友達とは違うのです。

合理的配慮とはメガネと同じです。一人ひとりに合った配慮や工夫、周囲の思いやりによって幸せに生きていけるようになるのです。クリニックでは得意なことや好きなことを見つけ、こどもが生きる勇気と自信を取り戻す考え方や学び方を教えてくれます。

レッドくんは「空間認知」の発達が多数派とは異なります。「空間認知」とは「方向」「線の重なり」「奥行き」「全体と部分のバランス」など空間の見え方で「知覚」ともいいます。レッドくんの場合は「方向」の認識が難しく、記号の向きが反対に見えます。遠近感がつかめないと上履きが左右反対になったり、漢字の向きがわからず逆さ文字を書いたりします。顔の全体構成がわからないために「ふくわらい」をしても、顔の目や鼻の配置を戻せなくなってしまいます。また「協調運動」が苦手で不器用です。「頭のなかで答えがわかっていてもうまく書けない」「消しゴムでうまく消せない」「ハサミでうまく切れない」「笛の穴を押さえるのが難しい」のです。また音楽が好きなのにも関わらず「聴覚過敏」のため、笛の不協和音が突き刺すように聞こえます。

レッドくんは素敵な才能がたくさんあります。例えば、車の展開図を描けること。時刻表を読むのが好きで、目的地までの乗換えや目的地までの時間に詳しいこと。でも算数の筆算は桁がずれて見え、ミスが多く、漢字は形が崩れていているため、人の何倍も書くのに苦労しています。マークを付けたり、黒板の位置とノートの位置がわかるように印をつけ、枡目を大きくしたノートを使っているとできるのです。

それでも完璧で1番に何でもやりたいプライドの高いレッドくんは、人と違うことが大嫌いです。いつも緊張して無理することが多く、ちょっとしたミスや友達にからかわれたりするとカッとなりやすいので、トラブルがよくおきます。そんなときは、セーブスペースが有効です。暗くて狭いところに1人で静かにしていると気持ちが落ち着いてきます。イライラしているときにさらに話しかけられると感情が爆発してしまうので、しばらく、そっとしておくのが効果的です。セーブスペースは「おかあさんの胎内」なのです。段ボール、クッション、低めの本棚やラックなどちょっとした隠れられるスペースが沢山あるとよいですね。

レッドくんの発達は同年齢のこどもより、言語性が優れています。でも動作や知覚の発達はゆっくりです。多数派の友達と脳の機能が違うのです。その発達の凸凹こそがレッドくんの魅力、才能なのです。例えば、虫、乗り物、時刻表、絵、観察、音楽、工作、記憶、設計など、人と異なる才能は将来、レッドくんを支えていくことでしょう。

こころやさしい あわてんぼう オレンジちゃん

オレンジちゃんはADD（注意欠如・多動症／ADHDの不注意が強い）傾向が感じられますが療育に行ったことはなく、診断もついていません。オレンジちゃんによく似ているやさしい母親は小さい頃から、忘れ物ばかりしているオレンジちゃんに戸惑っていましたが、人の気持ちに敏感でよく気がつく、やさしいオレンジちゃんの困っている行動がADD傾向であるとは知らず、心配しています。オレンジちゃんは自分のことより人のことが気になり、親切ですが、自分の置いたものがどこかにいってしまったり、大切なものを失くして、見つからなくなったり、道に迷ってしまうこともよくありました。

小学生になったオレンジちゃんは自分のことより人のことが大事です。友達が心配で気になって仕方ない、親切でこころやさしい女の子です。一方、オレンジちゃん自身はミスが多く、繰り返し同じところを間違えるので、不注意だと先生によく叱られます。思いやりとやさしさに溢れたオレンジちゃんは、他の人を助けたい、困っている人が気になって仕方ありません。それなのに、失敗ばかりで、いつも何かを探しています。学習では、人の気持ちの理解や作文が大好きで、手先が器用で手芸や小物づくりは得意です。算数の計算や繰り返し問題はミスが多く、何度やり直しても、同じところを間違えてしまいます。そんなときは、ぼーっとして、大好きな空想が始まります。将来は手作り小物の作家になりたいと考えています。

最大の悩みは学習や生活の準備が大変なことです。ランドセルの中身は、ぐちゃぐちゃ、自分の棚も整理できず、ノートや教科書、鉛筆や消しゴムをすぐなくしてしまいます。今日も母親から預かった家の鍵がなくなり、朝から探しています。オレンジちゃんはそんな自分が嫌になっています。さて、どのようにしたらオレンジちゃんを助けることができるでしょう。

オレンジちゃんは「こころやさしいお世話好き」。誰かの世話をしていることが自然で、誰にとってもセーブパーソンです。オレンジちゃんがいてくれるだけで安心な存在です。でも先生は「自分ができないのに、なぜ人のことばかり気にするの？」とオレンジちゃんの苦手なことばかりを見ています。オレンジちゃんの落ち込んでいる姿を見ると、クラスメートも一緒にこころを痛めています。自分が困っているとき、オレンジちゃんに心配してもらったり、助けてもらうことが多いからです。

その一方、オレンジちゃんは「いつも遅れてくる」「忘れ物ばかりしている」ので、待つ時間が長く、周囲もイライラしてしまいます。でも、オレンジちゃんのなくしたものを一緒に探したり、忘れ物を届けたりして、クラスメートもやさしく親切なオレンジちゃんのことが大好きなので、応援してくれます。いつもやさしくて、人の気持ちの通訳がとても上手なオレンジちゃんです。

オレンジちゃんは「記憶」が苦手です。「時間を忘れる」「置いてきた場所を忘れる」「指示や言いつけを忘れる」など学習や生活で困ることがたくさんあります。

オレンジちゃんは、人からどう思われているか、とても気になります。いつも人に気を使っているので、時々疲れてしまうのですね。そんなときに限って失敗が多くなります。でも、やさしさや存在そのものが、みんなの助けになっています。「何かをしなくては」と思うより、自分らしく生きることに自信をもって大丈夫です。忘れ物は予防や対応方法を考えるようにしましょう。例えば、「鍵は置く場所を決める」「鈴をつける」「スペアを作ってセーブパーソンに渡しておく」などです。忘れ物をしそうなときは、必ずメモを取る、手に書く、記憶力の良いレッドくんやグリーンくん、アクアちゃんに助けてもらいましょう。覚える力は人により違います。オレンジちゃんは、記憶は苦手ですが、他にできることがたくさんあります。苦手な記憶力は機能ですから、努力だけではどうにもならないこともあるのです。工夫と仲間の力で乗り切っていきましょう。整理は「棚にラベルを貼る」「見えるところに並べる」「まめに捨てる」など、自分の力にあった分量で管理できるように工夫しましょう。

オレンジちゃんのことを大切に思っている仲間がたくさんいます。オレンジちゃんはやさしくていつも穏やかで、多くの人のセーブパーソンだからです。困っている人を見ると、ほうっておけない、みんなから、いてくれるだけで安心だな、と頼りにされています。だからオレンジちゃんが困っていると多くの人が助けてくれるのです。オレンジちゃんは小物を作ったり、物語を考えたり、自分でオリジナル作品を創るのは、得意で大好きです。「ぼーっとして、好きなことを考えていると嫌なことも忘れられる」。それも素敵な才能かもしれません。時間を守り、忘れ物を減らし、仕事を正確にこなし、友達をたくさんつくりましょう。みんなオレンジちゃんをサポートしてくれることでしょう。

オレンジちゃんは誰かが困っていると真っ先に助けにいきます。そのやさしさが将来、たくさんの人を幸せにすることでしょう。人の気持ちがよくわかること、それは時に気を遣いすぎたり、人のことが気になったりと、生きにくさに通じることもありますが、自分の気持ちがなかなか言えない友達の味方になれること、気持ちの通訳者になれることは、オレンジちゃんの素敵な役割、才能なのです。忘れてしまうということは、嫌なことも忘れられる、気持ちの切り替え、立ち直りが早いということです。オレンジちゃんの苦手を助けるために、苦手な記憶、正確さ、緻密さを得意とする友達もオレンジちゃんのやさしさを待っています。お互いに得意なところで助け合えたら、素敵ですね。

すばやく動く 人情家 イエローちゃん

イエローちゃんはADHD（注意欠如・多動症）傾向があり、幼い頃から、よく迷子になる子でした。母親は目を離すとすぐどこかに行ってしまうイエローちゃんにいつもハラハラドキドキしています。何しろ好奇心が旺盛で、新しいものを見るとすぐ触りたくなります。また新しい場所に行くと引き出しを全部開けてみないと気が済みません。スーパーに行っても、棚のものを全部触り、買っていないお菓子の包みをあけて食べてしまうこともありました。母親は気の休まる暇がありません。時々、知らない人から、「しつけが悪い」「あの親は何をしているのだ」など、責められることがありましたが、母親はイエローちゃんを叱ったりせず育ててきました。モノマネやダンスが小さい頃から上手です。変な顔をして、人を笑わせ、愉快で楽しいイエローちゃんはみんなの人気者でした。

小学生になったイエローちゃんは、次々新しい遊びを考え、友達を誘って、盛り上がる人気者です。創造的な遊びをするのが大好きな元気な子です。一方勉強は、本当は賢いはずなのに、授業中はじっとしていることが難しく、いすをガタガタ揺らし、立ち歩いて、時には、教室から出てしまうこともあります。集中時間は短く、集中できても15分です。何かをしてもすぐ忘れてしまう、割り込む、ずっと1人で話し続けてしまうこともあります。廊下にある非常ベルは、前から気になっていましたが、「何だろう！」と思った瞬間、押してしまいました。そのたびに学校中で大騒ぎになり、叱られてばかりのイエローちゃんですが、すぐ忘れて、また触ってしまいます。イエローちゃんに、どのようなサポートができるでしょうか。

イエローちゃんの隣になると勉強が落ち着いてできなくて困ります。何しろイエローちゃんは授業中、ずっといすを揺らしていて、時々いすを後ろに揺らし過ぎて、ひっくり返ってしまいます。それはちょっと面白いけど、何度も音がすると「やめて！！」と嫌になってしまいます。次の日は、消しゴムを小さくちぎって、ずっと丸めて遊んでいて、時々、隣に飛んできて、遊びに巻き込まれ、授業がわからなくなってしまいます。イエローちゃんに割り込まれて、「嫌だ！」と注意すると、カッとなって叩かれることもあります。小さい頃から、イエローちゃんに噛みつかれた、蹴られた、蹴り飛ばされたなど、嫌な思い出がある子もいます。本当はやさしくて憎めないイエローちゃんだけど、仲良しの友達でも、幼い頃から、イエローちゃんには追いかけられたり物を取られたりしたことがあるのです。イエローちゃんは自分の話ばかりで、こちらの話を聞いてくれません。悪気なく、列にすぐ割り込んできてしまう、そんな困ったところもあるイエローちゃんだけど、明るくて、よく動き回り、面白くて、みなを笑わせる人気者ではあります。イエローちゃんの近くにいると楽しくて、退屈しないのです。

幼い頃から周囲の友達やその保護者から困った子と言われると、否定的な言葉や態度で自尊感情が低下し感情が不安定になります。レインボークリニックでは、イエローちゃんの見えない気持ちの傷つきや、イライラの相談にのってくれます。一人ひとりに合った配慮や工夫、周囲の思いやりによって幸せに生きていけるようになるのです。クリニックでは得意なことや好きなことを見つけ、こどもが生きる勇気と自信を取り戻す考え方や学び方を教えてくれます。

イエローちゃんは「動きのエネルギー」が普通よりずっと強いのです。生まれつき、活動的で動きをたくさん必要とします。同じ年の友達の動きのスピードよりも早いのです。授業中立ち歩くのを「がまんさせる」「ごほうびをあげる」ことで良い行動に誘導する繰り返しによって、イライラが強くなることがあります。イエローちゃんはたくさん動く環境を準備することが最良の支援です。いすをスツールに変える、ビーズクッションを置く、バランスボールに変えるなど、気持ちの切り替えができるように動きを頻繁に入れるなどの工夫が必要です。特にブランコ、トランポリン、穴を掘る、基地をつくるなどの自然遊びや回る、走る、跳ぶ、揺れるなどの感覚運動遊びが多く必要です。動きは動くことで落ち着いてくるのです。特に気持ちを落ち着けるためには動きを抑えることより、発散することを心がけましょう。回るもの、揺れるもの、ジャンプは欠かせません。例えば、ローラースケート、スケートボード、スケートなど回転や揺れる多様な動きは得意な子が多いです。また静的な呼吸を整えるものは、心身によい影響を及ぼします。例えば、ヨガ、瞑想、座禅、音楽療法、アロマセラピーなどこころを静めること、呼吸方法を学ぶことで気持ちが落ち着きます。主治医の先生との信頼や投薬の相談などでは、何でも相談できる先生との出会いが大切です。

イエローちゃんは活動的でエネルギッシュ。よく動き回る仕事では大活躍です。誰かを助けるボランティア、取材、冒険と好奇心旺盛なイエローちゃんは創造力も豊かです。

自分で感情がコントロールできなくなるときは友達に助けてほしいのです。悪気があって、話し続けたり、割り込んだりしているわけではないので、「ちょっと待って」と声かけしてもらえると嬉しいです。ほめられるのは、大好きです。特に「さすが！」と言われると何でもできる気がして元気になります。

イエローちゃんの魅力は活動的で冒険家であること。エネルギーがたくさんあって、普通の3倍くらい動き回ることで安定します。動きを止めないで生かすことを考えましょう。いつも意欲的、何でもやってみたい、好奇心旺盛、創造力も抜群のイエローちゃん。自然のなかで、回ったり、転がったり、ぶら下がったり、穴を掘ったりすることが大好きです。ブランコやトランポリンは欠かせません。親切で大声でよく笑う太陽みたいなイエローちゃんの魅力を生かしてくださいね。

繊細な きちんとさん グリーンくん

グリーンくんはASD（自閉スペクトラム症）傾向が感じられますが、療育に行ったことはありません。母親は新しいところに慣れることに時間がかかる内気なグリーンくんを丁寧に育ててきました。はじめての人に出逢うと緊張してしまって、泣きだしてしまうこともあり、親からなかなか離れようとしませんでした。小さな音にも敏感で、掃除機の音でも、泣きやみません。電気のスイッチをつけただけで、目を覚ましてしまうグリーンくんをいつもおんぶしたり、抱っこしたりしていました。寝入ったので、ベットに寝かせようとすると、またすぐ泣きだし、一晩中、抱っこしていると母親もつらくなって、一緒に泣いてしまうこともありました。

小学生になったグリーンくんは努力家で繊細なおとなしい子です。最初、教室に入るだけで緊張してしまい、帰ってから熱を出してしまいました。宿題やテストを少しでも間違えるとイライラしてしまうプライドの高いところは、レッドくんに似ています。本当は、友達が大好きでたくさん友達をつくりたいのです。でも、音がザワザワし、鉛筆のカチカチいう音や給食の運搬車の音など遠くの音でも、一度にいろいろな音が頭のなかに入ってきてしまい、頭が痛くなります。そして、先生の声を聞こうとしても、聞き取れないので、完璧主義のグリーンくんはとても辛いのです。最大の悩みは困ったときに「助けて」となかなか言い出すことができないことです。仲間はずれにされたり、からかわれたりされても、「嫌だ」のひと言さえ言い出すことができません。グリーンくんは友達が欲しいのですが、自分から誘うことはとても苦手です。さて、誰がグリーンくんのサポーターになれるのでしょうか。

グリーンくんはみんなからみると、おとなしくて、誰にも迷惑をかけない目立たない存在です。グリーンくんを誘っても、決心することに時間がかかって、待っているのが大変です。「あそぼ」って、声をかけても、返事だけでも時間がかかってしまいます。特に新しい場所や人が来ると、いなくなってしまうことがあります。じっと動かなくなってしまうので、みんなも困ってしまいます。グリーンくんは感受性が豊かで、とても敏感です。音、光、匂いなど他の友達が感じないものに反応して、苦痛に感じることがよくあります。新しい場所への不安な気持ちが多く、気持ちは、目にみえないものであるだけに、クラスメートから理解されることが難しいのです。同じように繊細で完璧主義タイプのアクアちゃんには、グリーンくんの気持ちがよくわかります。1人でいれば、大丈夫なのに、グリーンくんは、友達のなかにいたいので、その葛藤に苦しんでいるのです。グリーンくんが口に出して「助けて！」を言えなくても、気持ちを察して、助け船を出してくれるオレンジちゃんのようなセーブパーソンがいれば安心ですね。

グリーンくんは生まれつき、感受性が鋭く、特に聴覚が敏感です。遠くを走る車の音、飛行機の音、空調の音、鉛筆の音、蛍光灯の音などが気になってしまいます。学校のなかは、家とは異なるさまざまな音で溢れています。特にコンクリートの部屋のなかでは、音が響き、自然の土や木などに吸収されないため、不愉快な音に聴こえます。そこに匂い、光などの苦手な刺激が加わるとグリーンくんの繊細な感覚の処理がうまくいかなくなり、固まってしまうのです。「音が嫌だ」「頭に突き刺すようだ」という目にみえない苦しさは友達には理解できません。教室から出たいと思っても、SOSを出せないグリーンくんにとっては、我慢するしかありません。そんなとき、落ち着くのが、母親の皮膚の感触に近い柔らかいボールやガーゼなどです。またセーブスペースも大切です。段ボール、カーテン、クッション、本棚、グリーンなどで隠れられる場所、音を遮り、自分の姿を隠せる薄暗くて狭い場所、つまり胎内に近いスペースが気持ちを静めてくれます。

虫の観察、細かい観察ノート、描写力に優れた力を発揮するグリーンくん。でも、あまりに研究熱心であるため、友達の平均的な観察時間や記録時間では、とても時間が足りません。没頭すると時間を忘れてしまうほどの集中力を発揮するグリーンくんは、生来のリサーチャーなのです。何種類もの虫や電車の種類を集め、幼い頃から収集するのが大好き。しかも、ほんの少し違うところを発見することがとても面白いのです。一方、はじめてのことは慣れるのに時間がかかり、緊張してしまいます。特に対人関係は苦手ではじめての人や集団のなかに入るのは、緊張してしまい、とても不安です。そんなときは、自分の気持ちを和らげてくれるセーブパーソンがいてくれると安心です。集中しすぎているときは、先に予告をしてくれると切り替えができることがあります。いつもと違う時間割や部屋の移動のときは、あらかじめ予告してもらえると気持ちの準備ができるため、大丈夫と感じています。

がんばりやで努力家のグリーンくんは、緊張が強く完璧主義者です。そんなグリーンくんには、「がんばりすぎなくても大丈夫だよ」というメッセージと言葉かけが大事です。「だいじょうぶ」「あんしんだよ」「みてるからね」「がんばりすぎない」「リラックス」「なんとかなるよ」「適当でいいんだよ」など、あたたかな言葉かけがいいですね。困ったとき、辛いときにそっとわからないように、声をかけてくれる友達がいてくれると安心です。こころのなかのさみしさや　本当は友達になりたい気持ちを代弁してくれる友達も大切です。記憶力や観察力に優れた繊細なグリーンくんの良さを理解し大切にしてくれる、それが本当の友達なのですね。

孤高の天才 アクア ちゃん

アクアちゃんはASD（自閉スペクトラム症）傾向がありますが、言語性の発達が早く難しい言葉を知っているので、親も周囲も特性に気が付いていません。母親はアクアちゃんが小さい頃から1人遊びすることが多いことは気になっていました。母親自身も人がたくさんいるところは苦手なので、静かなところが落ち着くため、一緒に本を読んだり音楽を聴いたりして過ごしてきました。はじめて幼稚園に行ったとき、園庭の玄関で一歩も動けなくなり、固まってしまったアクアちゃんを見て、母親はとても心配になりました。でも、一緒に工作をしたり絵を書いたりすると素晴らしい作品を作るので、アーティストの父親と似ているだけだと感じ、そのまま無理せず静かな環境で子育てをしてきました。

小学生になったアクアちゃんは人と一緒にいるのが苦手です。集団には、あまり入らず、たいてい1人で本を読んでいます。小さい頃から習っているピアノと歌はとても上手です。でも音楽室には入れないのです。友達に誘われても一緒に遊べません。学校では、休み時間に外で遊ぶ、自由に何でもしていいという時間には、1人で何もしません。全員一緒に外で遊ぶのは大嫌いです。本当は1人でほうっておいてほしいのです。アクアちゃんは繊細なので、誰かと長くいると、疲れてしまうので、1人になることで気持ちを落ち着かせています。耳が良いので、他の人に聞こえない音もよく聴こえます。このように聴覚が敏感（聴覚過敏）であると、音楽の才能があったとしても、笛の音など音程が外れていたり、何重にも重なっていると頭が痛くなってしまうのです。

クラスメートからみると、アクアちゃんは何でもできる天才です。本当はアクアちゃんと仲良くなりたいのです。でもアクアちゃんから友達と遊ぶことはなく、自分から何かを誘うことは、一度もありません。アクアちゃんはクラスメートが誘っても、冷たい反応です。表情もあまり変わらずそしてあまり笑いません。友達はいつも1人で本を読んでいて、ピアノが上手なアクアちゃんのことが不思議でたまりません。本当は一緒に歌ったり、演奏したりしたいのです。でも、友達が誘っても、すっと1人でどこかに消えてしまうのです。

アクアちゃんは友達が嫌いだからではなく、1人で気持ちを落ち着ける時間が長く必要で、ずっと友達といると疲れてしまうからなのですが、それがみんなには、わかりにくいのです。声が大きいイエローちゃんは、アクアちゃんと一緒に笛を吹くような友達になりたいのですが、アクアちゃんがすぐ逃げて、どこかに行ってしまうので、不思議でたまりません。なぜ音楽が得意なのに逃げてしまうのか。さて、どうやって友達になるのでしょう。

アクアちゃんの支援で大切なのは、敏感さ、繊細さに対する配慮です。特にアクアちゃんは聴覚がとても敏感です。敏感であるということは、とても耳が良いということです。他の友達には、聞こえない遠くのおしゃべりの声、蛍光灯の音、空調の音なども、よく聴こえてしまいます。そのため常に雑音のなかにいるように感じるため、大勢の人がいると、先生の声だけを聞き取ることは難しく、授業中などはとてもイライラしてしまいます。集中し、緊張しながら、聴いているので、とても疲れるのです。アクアちゃんのように聴覚過敏があるときは、ノイズキャンセラー、イヤーマフ、耳栓などで、嫌な音を遮る工夫をすることが必要です。特に通常学級などで、周囲の友達と違う、イヤーマフを付けるのが嫌な場合は、セーブスペースが必要になります。セーブスペースとは、嫌な音が聞こえにくい、暗くて狭くて誰にも見えないわずかな空間のことです。教室から外に出たり、許可を取ったりすることができない繊細なアクアちゃんは、誰にも気づかれず、ちょっと隠れたり、本を読めるソファやラグマットのあるスペース、段ボールなどでつくった小さな空間などの隙間を工夫して、あちこちに作っておけば自分で気持ちを静めることができるので、大丈夫です。アクアちゃんと一緒にどんな逃げ場所が安心なのかを考えるとよいですね。人間は哺乳類ですから、母親の腕のなかのようにあたたかく、誰も入ってこないセーブスペースは感覚が敏感な傾向にあるレッドくん、グリーンくんも必要でしたね。

記憶力、音を聞き分ける聴力、味覚、デザイン、観察力、集中力など、さまざまな才能に恵まれているアクアちゃん。楽譜を見なくても音だけでピアノが弾けてしまいます。また1回会ったことのある人の顔と誕生日をすべて記憶しているなど、他の友達にはできないことが普通にできてしまいます。一方、人がいるところは苦手です。人の話し声、鉛筆の音、いすを引く音、蛍光灯のジーという音などは、同時に頭のなかに飛び込んできます。時には、突き刺さるように聴こえ、吐き気がしたり頭痛がしたりするほどです。白いごはんが好きなアクアちゃんは、人と食べることも苦手なため、1人で静かに食べたいのです。また、自由時間は何をしていいかわからないため、不安になってしまいます。嫌な感覚からは、逃げた方がよいのですが、どうしてよいかわからなくなってしまいます。そのようなときはセーブパーソンとなる理解ある友達が逃げるように促すといいですね。

アクアちゃんは1人でいることが落ち着きます。無理に集団行動をしなくても大丈夫。マイペースで自分らしく才能を生かして、生きることが大切です。感覚が敏感なところは、環境を区切ったり、暗くしたり、心地良く安心できる空間づくりによって調整すると過敏性が和らいできます。人との違いは、素晴らしい才能でもあります。眩しい、嫌な音、嫌な匂いなどは、我慢しないで、静かで落ち着ける場所を見つけておきましょう。音楽や作曲の才能を生かしていくと豊かな感性が伝わる人と出逢うことができるでしょう。

ゆっくり おおらか ブルーくん

ブルーくんは4歳まで言葉を話さず、1人で歩きだしたのも3歳に近くなってから、と発達が全体にゆっくりです。母親は心配でした。でも、たいていご機嫌でいてくれるブルーくんの笑顔に、母親は助けられてきました。同じ年頃のこどもの集団に入ると相手にしてもらえないことも多く、いつも1人でいるブルーくんを見ると、母親は悲しくなることもありました。幼稚園に入ると先生の上手な気持ちの通訳もあり、よい仲間もできました。友達と一緒に遊ぶようになって、言葉もたくさん話すようになりました。またダンスが大好きでリズム感が抜群です。言葉にするのが難しい分、表情や動きの表現力はとても豊かなのです。

小学生になったブルーくんは笑顔の素敵なやさしい子です。スピードはゆっくり、一つひとつの動作に時間がかかるので、いつも忙しい友達には、「なんでいつも遅いの?」「早くして!」などと責められて辛い想いをしています。こころのなかでは、とても傷ついていますが、いつもニコニコやさしいブルーくん。本当はさみしいし、自分もできるようになりたいのです。みんなに「すごいね」って、言われたいという気持ちがありますが、なかなか気が付いてもらえません。本当はやさしく思いやりのあるブルーくん。自分も誰かの役にたちたい、自分も活躍したい、一緒に楽しみたいと願っています。ブルーくんは自分から誰かの悪口を言ったり、ウソをついたり、いじわるをすることがありません。それなのにこころを傷つけられることの方が多いブルーくん。さて、どのようにしたらブルーくんのサポーターになれるのでしょうか。

ブルーくんは「ゆっくり」「時間がかかる」「待っている時間が長い」と友達から思われています。友達は一緒にテキパキと動いてほしいと感じていますが、ブルーくんのスピードは他の同じ年の友達よりゆっくりなのです。周囲は待つ時間が長いために疲れてしまいます。ボール投げは得意ではなく、ドッジボールでは、ひたすら逃げる役です。足も速くないので、鬼ごっこでは、すぐ鬼になってしまいます。仲間に入りたいのだな、と思っていても、同じルールで遊ぶのは難しいのです。知らないうちに遊びから抜けて、1人でいることが多いブルーくん。陰からそっと友達を見ています。自分の仕事や役割は最後までやり遂げる粘り強さがあり、感受性が高いので、人の気持ちに敏感です。ブルーくんのそんな素敵なところにみんなは気がついています。ブルーくんは、さみしい子にそっと寄り添ってくれるのです。パープルちゃんはブルーくんに何度も助けられています。ブルーくんがただ側にいてくれるだけで安心です。パープルちゃんにとっては、いつも純粋でやさしいこころのきれいなブルーくんが唯一の安心できるセーブパーソンなのです。

ブルーくんは、言葉の説明だけだと、わかりにくいことがあり、実際に一緒にやってみると、よく理解できます。またロールプレイといって、演劇のように役割を入れかえたり、ジェスチャーを取り入れ、実際に動きながら説明するのもよいですね。ブルーくんは記憶に残るように説明するときに写真や絵を使うのも有効です。ブルーくんを待っていられないのは、私たちのこころにゆとりがないからです。じっくりブルーくんのこころに向かい合う時間を作り、一緒に楽しいことをするとブルーくんの笑顔が戻ってきます。

ブルーくんは素敵な才能がたくさんあります。例えば、困っている人や傷付いている人を元気にすること。ひょうきんで、誰かを笑顔にしてしまうこと。ダンスや歌がとても上手なこと。演劇が上手なこと。手話で歌う歌は、抜群の表現力です。何よりこころが純粋で人のことを悪く言いません。誰にでもわけ隔てなくやさしく、困っている人のことや傷ついている人の気持ちがとてもよくわかります。言葉や数字が得意でなくてもブルーくんは感受性が高く、相手の理解ができるのです。だからこそブルーくんは周囲の人のこころを豊かにし、やさしい気持ちにしてくれるのです。そんなブルーくんは周囲からゆっくりであること、間違えること、運動が得意ではないこと、覚えられないことなどを理由に、仲間はずれにされたり、ウソをつかれたり、悪口を言われるなど、こころを傷つけられることが一番つらいのです。そんなとき、セーブパーソンの友達は、ブルーくんの素敵なところを見つめ、気持ちに寄り添ってくれるのです。

ブルーくんの発達は同年齢のこどもより、全体的にゆっくりです。それは同じ年のこどもとの比較にしかすぎません。さまざまな違う年齢のこどもたちと触れ合うことは大切です。例えば、ブルーくんより年上のこどもたちはブルーくんの気持ちを察して一緒に過ごせます。また、自然豊かな環境は欠かせません。動物、植物、虫、泥、土、水、砂、海、山、私たち人間が発達するために必要なすべての自然をブルーくんも友達も求めています。特に感受性が優れているブルーくんの友達は人間だけではありません。動物や植物など大自然の力にも助けられ、豊かな友達に出逢えるように環境づくりをしていきましょう。

甘えん坊の さみしがりや パープルちゃん

パープルちゃんには本当の父親がいません。母親が1人で、パープルちゃんと妹を育ててきました。小さい頃から、抱っこしていないとすぐ泣きだすパープルちゃんを母親は必死に育ててきましたが、周囲に助けてくれる人がおらず、母親はひとりぼっちでした。母親は働いて家計を支えていましたから、疲れて帰ってきても、泣いてばかりいるパープルちゃんを抱いているわけにはいかず、だんだん育児にも疲れ、パープルちゃんの世話をすることも辛くなってきました。そんな頃、新しい父親がきて弟が生まれました。母親は赤ちゃんのお世話に忙しく、パープルちゃんの相手をすることができなくなりました。パープルちゃんは最近甘えることもできず、いつも陰にじっとおとなしくしていることが多くなりました。

小学生になったパープルちゃんは、大切な友達に乱暴したり、こころを次々傷つける、さみしがりやです。本当は何でもできるパープルちゃんは、みんなと友達になりたいのですが、いつも母親にかまってもらえないイライラでやさしい人に当たってしまうことが多いです。自分の思い通りにならないと、時に暴力的になります。人の悪口を言うことで、一瞬、友達と仲良くなりますが、また1人になってしまう、の繰り返しです。強くて怖い人の言うことは聞きますが、その分、弱い者いじめを繰り返します。それは、本当に自分を大切にしてくれる人、甘えられる人を探しているのです。大好きな人を独占できないと、その人を傷つけたり、怒らせたりして気を引こうとします。そして、またひとりぼっち。みんなに認められ、大切にされたい気持ちが人一倍強いパープルちゃんです。どのようにしたらパープルちゃんのサポーターになれるのでしょうか。

パープルちゃんは自分が1番だとご機嫌ですが、友達からは「難しい子」「気分のムラが激しい」「自分を守るためなら平気でウソをつく」「甘えん坊」と思われています。友達は「もっと素直に自分の気持ちを言えばいいのに」と感じています。でも、大切な友達にでさえ、暴力的になってしまいます。それで怖がられています。パープルちゃんが欲しかったものを持っている友達、人気のある友達、やさしい友達には、嫉妬と憧れが入り乱れて近寄ったり、遠ざけたりを繰り返します。そんなパープルちゃんの唯一の友達はブルーくん。ブルーくんは、パープルちゃんのつらい部分には触れず、パープルちゃんのありのままを理解し受け入れてくれます。そればかりか、ブルーくんには、パープルちゃんのさみしい、怖い、不安などの気持ちを理解しそっと側にいてくれたり、イライラをぶつけたときでさえ、やさしく声かけたりしてくれるのです。ブルーくんは大切なセーブパーソンなのですね。

パープルちゃんは母親に十分愛されず、世話をされていない愛着不足なのですが、それはパープルちゃんのせいではありません。もし、パープルちゃんのこころにコップがあるとしたら、そのコップに愛情が注がれないまま、ヒビが入っている状態です。こころのなかが満たされていないので気持ちが不安定になります。それはパープルちゃんがダメなのではなく、人間であれば、セーブパーソンがいないために誰でも起こる情緒の不安定さです。自分で自分のことを大切にすることを自尊感情といいます。パープルちゃんは自尊感情、つまり自分で自分を尊敬する気持ちが低く、自分に自信がなく不安定です。そのような場合は、もっとも大切にすべき友達や先生を傷つけていきます。親とのあたたかな関係性がなかったために起こる相手や自分を傷つけることで作ろうとする不適切な人間関係なのです。友達になりたい、大切にしてもらいたいと思うほど、相手を傷つけてしまいます。自分をもっと見てほしい、もっと甘えたいという屈折したこころの現れです。

パープルちゃんには素敵な才能がたくさんあります。例えば、絵をかく、何かを作るなどです。でも、今まで親から褒められたことがないパープルちゃんには、本当の自信がなく、さみしいのです。もっとみんなに大切にされたい。そんな気持ちをうまく表現できないパープルちゃん。話を聞いたり、自分だけにしかできない役割や自信がもてるようになってくると、だんだん安定してきます。パープルちゃんも母親の腕のなかのような、柔らかくてフワフワする感触のもの、例えば、ガーゼ、スライム、ぐにゃぐにゃしたボールなどで落ち着くことがあります。きっと抱っこしてもらえなかったパープルちゃんが求めているのは母親のような、あたたかで柔らかい感触なのでしょうね。小動物と触れ合うこともとても大切です。

パープルちゃんが求めているのは、あたたかな仲間。家族に恵まれなかったパープルちゃんが一緒にいて安心できるあたたかな眼差し。自分にしかできない役割が自分を支えていきます。誰にでもある自分のなかの孤独。そしてさみしさ。
自分のなかのパープルちゃんをサポートするつもりで、パープルちゃんが幸せになれるように、こころのコップに少しずつやさしさを注いでいける仲間でありたいですね。

おわりに

··

みなさんはどんな虹色なこどもたちに似ていましたか？
もし、自分は虹色なのに、いつも真っ白であることを求められ、白ではない部分を隠して、「同じ」を求められたら、誰でも生き苦しいことでしょう。

本当は私たち誰もが一人ひとり濃さも配分も違う素敵な虹色。白に見えたとしても、プリズムを通したら、本当の自分の色、虹色が見えてくる。私たちは誰もが一人ひとり異なる色の組み合わせ、誰とも違う虹色なのです。

自分にしかない、唯一無二の組み合わせでできている虹色を大切にできたら、もっと一人ひとりが輝き生きやすくなるのではないかな……。

いつの日かすべての人が自分だけの色を大切に生きていけるような虹色な国になりますように。
そんな願いを込めて、この本を贈ります。

♪ぼくができないことだって　あなたが助けてくれたなら
みんなちがって　みんないい
違っているって　すてきだね♪

　　　　　　　　　　　　　　　　　　　　　星山麻木

著者紹介

[著者] **星山 麻木**（ほしやま あさぎ）

明星大学教育学部教育学科教授。保健学博士。一般社団法人星と虹色なこどもたち会長。一般社団法人こども家族早期発達支援学会会長。日本音楽療法学会認定音楽療法士。映画『星の国から孫ふたり』監修。東京学芸大学音楽科卒業後、養護学校で音楽教師を務め、退職後、横浜国立大学大学院修士課程（障害児教育）修了。東京大学大学院医学系研究科国際保健学専攻（母子保健学）博士課程修了。メルボルン大学客員研究員（早期介入）。鳴門教育大学障害児教育講座助教授を経て現職。文部科学省大学設置専門員、教育委員、教育振興計画策定委員など務める。発達サポーターや専門ボランティアなど多くの人材を育成。家庭教育支援チーム文部科学省認証団体星とおひさまフィーカキャラバン監修。Tokyo Star Radio（八王子FM）「星山麻木の虹色子育てラボ」パーソナリティ。著書『虹色なこどもたち』（世界文化社）、『この子は育てにくいと思っても、大丈夫──生まれてきてくれてありがとう 子どもに伝えたいあなたのために』（河出書房新社）、『障害児保育ワークブック』（萌文書林）他多数。ＮＨＫ「すくすく子育て」「発達障害の子どもとともに」など監修出演。

[イラスト] **相澤 るつ子**（あいざわ るつこ）

イラストレーター。絵本作家。画家。表現アートファシリテーター。東京藝術大学美術学部芸術学科卒。
神戸新聞赤とんぼ絵本賞受賞後『ゴロたんシリーズ』（ポプラ社）など、絵本、紙芝居、児童書、『うつを生かす』（星和書店）など心理学系の挿絵を多数手がける。全国夏休み読書感想文課題図書『救出』など3作品選出。並行して公立中学美術の非常勤講師も勤め、絵画表現の心理的側面に気づき、表現アート療法をPCETI及びセイブルック大学院にてナタリー・ロジャース博士に師事。その後、明星大学通信教育にて星山教授のもと、教育学修士過程を終了し、非常勤講師として表現療法を定年まで勤めた。星山教授の教育理念に深く賛同し、「星と虹色なこどもたち」のパペット制作、書籍や絵本のイラストを担当している。本書の幼児版にあたる『虹色なこどもたち』（世界文化社）のイラストも担当。識字障害や吃音障害があるこどもたちへのワークショップに本書を生かし、さまざまなタイプ（虹色）への理解を広め、困り感のあるこどもへのサポートを行なっている。

著者とイラストレーターに会えるかも!?

一般社団法人 **星とおひさま 葉山里山の学校**

自然の里山の中で楽しく活動しています。ホースも待っています。
発達相談や表現アートなど楽しいプログラムがあります。

一般社団法人
星と虹色なこどもたち

https://hoshiyama-lab.com

療育・特別支援を楽しく学びませんか?

2005年からスタートした発達サポーター講座の活動が広がり2018年に法人化しました。現在では行政と連携し、多くの方が学校や地域で活躍しています。文部科学省認証団体星とおひさまフィーカキャラバンは発達支援を学んだファシリテーターを育成し、茶話会キャラバンをしています。子育てプログラムとしてクリエイティブ音楽ムーブメントのセラピスト育成もしています。講演会や研修も行っておりますので、星と虹色なこどもたちとご一緒にエコロジカルデザイン（自然な場面で周囲のあたたかな繋がりから支援する方法論）について学びたい方はサイトをぜひご覧ください。

発達サポーター育星
- 特別支援サポーター育星講座 基礎 a.b.c：初級
- 領域別学び講座：中級
- 育星サポートゼミ：中級程度
- 特別支援士（スペシャルサポーター）講座：上級

星とおひさまFikaキャラバン（文部科学省家庭教育支援チーム）
- Fikaファシリテーター養成講座

クリエイティブ音楽ムーブメント指導者養成

ラジオ寺小屋
- 発達サポーター養成講座（インターネット）

「一般社団法人星と虹色なこどもたち」リーフレットより

YouTube 星山研究スタジオ
「星と虹色なこどもたち」

https://www.youtube.com/channel/
UCS0VDSDSUTCpBeOIZ9_7ikw

本に出てくる虹色なこどもたちがパペットとして登場し、動画で楽しい寸劇を見ることができます。親子でお楽しみください。

星と虹色なこどもたち ©2020
「自分に合った学び方」「自分らしい生き方」を見つけよう

2020年 5 月 5 日　初版第 1 刷発行
2024年 11月15日　初版第 10 刷発行

著者	星山麻木
イラスト	相澤るつ子
発行者	杉本哲也
発行所	株式会社 学苑社
	東京都千代田区富士見 2-10-2
	電話　03 (3263) 3817
	FAX　03 (3263) 2410
	振替　00100-7-177379
デザイン	三好誠
印刷・製本	新日本印刷株式会社

ISBN978-4-7614-0814-5　C3037